Même pas peur... du noir

Texte : Carole Bauvers
Illustrations : Sandra Solinet

LAROUSSE

Léon le chaton est **couché** dans son lit. La **lune** lui sourit.

Dans leur chambre, ses parents ronflent doucement.
« **Rrrooo**, **plouch**, **rrrooo**, **plouch**. »

Mais la lune disparaît. La chambre est dans le **noir**. Soudain Léon ne reconnaît plus rien. Il voit une **ombre** pointue, des formes **étranges**... et une **silhouette** !

Léon a **peur**. Il n'entend plus ses parents. Et s'ils l'avaient laissé **tout seul** ?

Il descend de son lit et **rampe** vers le mur.

Bing dans une pile de livres.
Bang dans les constructions en bois.

Malgré le bruit, la silhouette ne bouge pas. **Ouf** !

À tâtons, Léon cherche la porte.

Il l'ouvre en silence et **longe** le couloir
jusqu'à la chambre de ses parents.

Le lit est **vide**. Papa et Maman sont partis !
Et il y a du **bruit** dans la cuisine.
Vite, Léon doit trouver de quoi **se défendre**.

Il fonce dans sa chambre prendre son **sabre magique**, celui qui fait de la lumière. Il pointe son arme vers l'inconnu. **Même pas peur du noir** !

C'est alors que la lune **réapparaît**. Léon retrouve sa **chambre** : l'armoire, les jouets et le valet de nuit.

« Léon, s'étonne Maman en entrant, qu'est-ce que tu fais debout ?
– **Vous êtes revenus** ! s'exclame Léon.
– Nous étions dans la cuisine », explique Papa.

Après un dernier baiser, ils vont se coucher
pour chanter à Léon sa berceuse préférée.
« **Rrrooo**, **plouch**, **rrrooo**, **plouch**. »